ARMES PUISSANTES DE GUERRE SPIRITUELLE

MANUEL DU LIVRE

LIBÉREZ-VOUS

ARMES PUISSANTES DE GUERRE SPIRITUELLE

MANUEL DU LIVRE

LIBÉREZ-VOUS

Roger D Muñoz

ARMES PUISSANTES DE GUERRE SPIRITUELLE

MANUEL DU LIVRE
LIBÉREZ-VOUS

Roger D Muñoz

CRISTO LIBERA
MINISTÈRE DE LIBÉRATION ET GUÉRISON
Seattle WA 98115
www.cristolibera.org

Roger Muñoz est un serviteur de Dieu. Il me forme en libération depuis très longtemps. J'ai eu l'opportunité de le rencontrer aux Etats-Unis où il m'a donné une formation en libération. Merci à Jésus-Christ d'avoir mis sur mon chemin, ce serviteur de Dieu car maintenant grâce à lui j'ai pu libérer beaucoup de personnes dans ce beau pays: le Japon.

—Pasteur Jaime Teruya
Eglise Chretienne Renacier Au Japon

Le Pasteur Roger Munoz laisse un puissant héritage à celui qui cherche à apprendre davantage la libération. Ce livre est un outil indispensable pour tous les serviteurs du royaume de Dieu et sa justice. Je reconnais son immense implication dans la mission de libération que Dieu lui a donnée.

—Pasteur Eugenio Manuel Torres
Iglesia Reformada Cristo Justicia Nuestra
Santa Marta, Colombie, Sud America

Le Pasteur Roger Munoz a été invité à plusieurs reprises pour des conférences sur la libération et la guerre spirituelle. Chacune de ses interventions était une vraie bénédiction.

—Pasteur Jose Ramos
Conductor Programa Radial Pastores Unidos Por Cristo
Presidente De La Alianza Evangelica Hispana Del Norte

Roger Muñoz a été une grande bénédiction dans ma vie et celle de mon ministère. Grâce à son travail, il nous a enseigné à mieux servir Dieu et son église, Il a amené la liberté à tous les captifs de Satan. Que Dieu continue à le garder, à le bénir et à faire prospérer tout ce qu'il fait.

—Apostol Mario Bonillas
Fundador Del Concilio Iglesia Ebenezer USA.

Roger Munoz, était un homme d'affaires en Colombie, mais depuis qu'il a pris la décision de suivre le chemin de Jésus-Christ, il a reçu pour mission la liberté spirituelle. Il est le fondateur du ministère " cristo libera" et il a délivré beaucoup de personnes dans le monde entier.

—Rev. Jorge Gutierrez
Iglesia Cristiana De Las Americas
Seattle Washington USA.

Roger Munoz, est bénévole dans le ministère de détention d'immigrés dans une prison de Tacoma Washington, USA. Une fois par mois, il apporte la parole de Dieu pour sauver les vies par Jésus-Christ.

—Pastor Habtom Ghebru

TABLE DES MATIÈRES

AUTEUR.. 1

REMERCIEMENTS... 2

INTRODUCTION.. 3

1. DIX ÉXIGENCES CLÉS POUR ÊTRE LIBRE 5

2. CLÉ POUR LA LIBÉRATION... 7

3. PROCÉDURE 9

4. FORMULAIRE DES QUESTIONS 11

5. PRIÈRES PUISSANTES DE GUERRE SPIRITUELLE............ 27

6. PRIÈRE POUR NETTOYER TOUT LE CORPS 35

7. PRIÈRES PUISSANTES POUR TOUS LES JOURS................. 39

8. NOMS DES DÉMONS PAR FONCTION 41

9. PRINCIPES DE BASES POUR MAINTENIR UNE LIBÉRATION.......... 45

AUTEUR

Roger D Muñoz, marié et père de deux fils, c'est l'homme que Dieu a choisi de fonder et diriger Cristo libera, un ministère de libération et guérison dont le siège social est à Seattle, Washington, aux États-Unis. En plus de servir localement, il œuvre dans tous les États-Unis et à travers le monde entier via internet, par téléphone, par caméra, il utilise des traducteurs, il voyage parfois là où Dieu l'envoie. La plupart de ces libérations sont visibles sur www.cristolibera.org et sur YouTube.

Roger est un leader et membre actif de l'Église Chrétienne Des Amériques à Seattle Washington, Etats-Unis, est un prédicateur bénévole du ministère de l'Immigration de détention au Nord-Ouest de Tacoma Washington, USA.

Il a été invité à plusieurs reprises en tant que membre du Groupe d'experts de la Conférence de libération et la guerre spirituelle, dans le programme Radio Pasteurs Unis pour l'Alliance Nord-Ouest Christ évangélique hispanique.

Il a donné de nombreux séminaires, conférences, ateliers et a formé des pasteurs et des dirigeants qui à leur tour aide les gens à se libérer dans leurs congrégations.

Pasteur Roger Muñoz laisse un précieux héritage pour ceux qui veulent en savoir plus sur le ministère de la libération.

REMERCIEMENTS

À

Elsa Hernández, Ingrid Santana e yo Virginie Da silva

Qui avec amour et dévouement on traduit ce livre de GUERRE SPIRITUELLE en français. Ces femmes ont été une grande bénédiction dans ce ministère.

INTRODUCTION

Bienvenue au manuel libérez-vous !

Dans ce livre il y a de puissantes armes de combat spirituel que tout le monde devrait connaitre, et de cette manière pouvoir profiter d'une vie abondante que notre Seigneur Jésus-Christ nous a donné. Jésus a fait un travail complet sur la croix lorsqu'il a versé son sang précieux, en pardonnant nos péchés et en enlevant les malédictions de nos vies. Nous devons être libres des maladies, des douleurs, des misères, qui sont les conséquences des péchés. Mais quand les péchés sont pardonnés, vous devez obtenir la guérison et la bénédiction, et si ce n'est pas le cas il faudra expulser les mauvais esprits car ils continueront à tourmenter votre vie. Dans cette édition du manuel, vous trouverez les principes bibliques pour être libre, sans eux vous ne pourrez pas le faire. Vous trouverez un formulaire qui vous aidera à trouver les portes d'entrée possibles aux mauvais esprits. Vous y trouverez aussi de puissantes prières quotidiennes pour maintenir votre libération.

Ce manuel a été conçu pour faciliter l'impression du formulaire et des prières lesquels sont indispensables, et principalement élaborées pour faciliter le travail de ceux qui œuvrent pour la libération dans les ministères. Il est fortement recommandé d'étudier en même temps : Libérez-vous des oppressions. C'est la base de ce manuel.

> Il est fortement recommandé d'étudier en même temps: **Libérez-vous des oppressions**, c'est la **base** de ce manuel.

1.
DIX ÉXIGENCES CLÉS POUR ÊTRE LIBRE

I. Avoir accepté le Christ : La libération est pour ceux qui reconnaissent Jésus comme leur Seigneur et Sauveur ; C'est pour les chrétiens. La libération est pour les enfants de Dieu.

   Marc 07:27 (RVR1960)
   Jésus leur dit: « Laisse d'abord les enfants se rassasier; car il n'est pas bien de prendre le pain des enfants et de le jeter aux petits chiens. "

II. Demander de l'aide : C'est la preuve que vous voulez être libre, quand vous prenez l'initiative de demander de l'aide.

III. Croire que vous serez libéré : Vous devez y croire, nombreux sont ceux qui doutent.

IV. Vouloir être libéré : Beaucoup ne le veulent pas.

V. Remplir un formulaire : Ceux sont des questions qui sont faites pour trouver d'éventuelles portes d'entrée aux démons.

VI. Suivre les étapes recommandées : Ayez confiance en ce que vous explique ce livre.

VII. VII . Ne pas trouver à redire : Nombreux sont ceux qui croient en savoir plus que les autres.

VIII. Confesser et renoncer à ses péchés. Sans cela, il n'y a pas de libération.

IX. Croire qu'un chrétien peut avoir des démons. Si vous ne le croyez pas, vous ne pouvez pas être libre.

X. Définitivement ne plus être dans le péché. C'est une des raisons pour lesquelles une personne peut ne pas être libre, le diable a le droit légal d'être là.

La libération est pour les enfants de Dieu

2.
CLÉ POUR LA LIBÉRATION

Passage de la confession, la repentance, la renonciation, le pardon, l'acceptation.

Cette étape est très importante car elle est la clé de votre libération. Après avoir rempli votre formulaire, prenez tranquillement chaque point de celui-ci et le confesser, et renoncer et demander à Jésus de vous pardonner.

Exemple: Mon Seigneur Jésus je confesse le péché de la pornographie, je me repens, je renonce au péché et je te demande de me pardonner au nom de Jésus; merci de me pardonner, je l'accepte. Démons de la pornographie et autres, je vous refuse, je ne vous accepte pas et je vous rejette au Nom de Jésus DEHORS DEHORS ! AU NOM DE JESUS

Continue ainsi jusqu'à la fin des péchés, vous se sentirez déjà plus libre et plus léger.

Note importante : Si c'est une auto-libération, renoncer, demander pardon et chasser les démons au nom de Jésus immédiatement après chaque confession de péché, continuez comme ça au fur et à mesure. Par contre si vous le faites à quelqu'un d'autre, attendez d'abord que la personne renonce à tous ses péchés et demande pardon pour chacun d'eux, ceci afin de vous concentrer uniquement sur leur expulsion, et ainsi aucun démon n'a le droit légal de rester.

Si vous n'avez pas accepté Jésus comme votre Seigneur et Sauveur et que vous souhaitez le faire maintenant, veuillez s il vous plaît répéter cette prière :

"Seigneur Jésus tu es le Fils de Dieu qui est venu mourir pour mes péchés sur la croix du Calvaire, maintenant je t'accepte comme mon Sauveur et Seigneur, pardonne mes péchés, j'accepte ton pardon, écris mon nom dans le Livre de Vie, Saint Esprit viens dans mon cœur, ma vie et habite avec moi, Merci Jésus, aujourd'hui je me consacre à Toi. Je te remercie, au nom du Père, du Fils et du Saint-Esprit, Amen ".

3.
PROCÉDURE

Ce manuel est pratique, et doit être utilisé par tous ceux qui achètent nos séries de livres « Libérez-vous » Qui sont très faciles à utiliser.

Son format est très pratique pour imprimer et obtenir des copies à donner au candidat qui sera libéré.

Comme vous pouvez le voir chaque phrase vient sur une seule feuille, ceci afin de vous faciliter l'impression.

Faites des copies du formulaire et des prières, faites un résumé des étapes à suivre et donnez-les aux personnes qui veulent être libérées. Vous pouvez recevoir une offrande pour le matériel et le temps passé.

Soumettez les documents suivants avant le jour de la libération:

1. Le formulaire à remplir.
2. Le thème: Briser l'esclavagisme sexuel.
3. Prière de pardon efficace. Le dernier étant de pardonner et d'être pardonné.

Soumettez ces documents après leur libération.

1. PRIÈRES QUOTIDIENNES PUISSANTES
2. De guérison.
3. Purification de vous, votre famille et votre maison.
4. ÉTAPES ET PRIÈRES DE BASE POUR MAINTENIR VOTRE LIBÉRATION.

Remarque: Il est extrêmement important de posséder le manuel « Libérez-vous des oppressions ».

4.
FORMULAIRE DES QUESTIONS

Informations importantes avant de remplir ce formulaire.

C'est la partie clé de ce manuel, veuillez s'il vous plait remplir ce formulaire avec honnêteté et sincérité et jeûner au moins trois jours avant votre libération.

Le but de ce formulaire est de trouver les portes d'entrée possibles des démons, des maladies. Par conséquent, votre honnêteté, votre sincérité et la précision dans vos réponses faciliteront votre libération et guérison.

Jacques 5:16 " Confessez donc vos péchés les uns aux autres, et priez les uns pour les autres, afin que vous soyez guéris ».

Matthieu 6 : 14-15 « Si vous pardonnez aux hommes leurs fautes, votre Père Céleste vous pardonnera aussi ; Mais si vous ne pardonnez pas aux hommes, votre Père ne vous pardonnera pas non plus vos fautes.

Jésus Christ nous a rachetés de la malédiction, de la loi, les iniquités de nos péchés et de ceux de notre ancêtre (Galates 3:13). Mais les démons ne partent pas, ils restent sans aucun droit légal dans nos corps et ceux de notre famille en occasionnant des maladies, souffrances. C'est pour cela qu'il est primordial de connaitre nos péchés et ceux de nos ancêtres pour pouvoir y renoncer et les expulser avec plus de facilité et par conséquent exterminer de notre famille toutes les malédictions de diabète, cancers, alcoolisme, pauvreté etc...

> Remplissez le formulaire de libération. Ce sont des questions qui sont faites pour trouver d'éventuelles portes d'entrée aux démons.

FORMULAIRE DES QUESTIONS

Date _____

Nom et prénom

_____

Pays, ville:

_____
_____
_____
_____

Teléphone_____

Mail:_____

Age:_____

célibataire ( ) Marié (e) ( ) Veuf (ve) ( ) Divorce ( ) Concubinage ( ) paxé (e) ( ) fiancé (e) ( )

Combien fois:_____ Expliquez :

_____
_____
_____
_____

Profession:

_____
_____

Fontion principale dans votre travail :

_____
_____

Quelle est votre histoire avec l'église de Jesus-Christ?:

_____

_____

Avez-vous accepté Jésus comme étant votre Seigneur et Sauveur? ( ) Depuis quand?

_____

_____

Baptisé (e) ? A quelle âge : _____

Baptisé au nom du Père, du Fils et du Saint Esprit?

_____

_____

Dime (contribution à l'église) ?_____

combien d'enfants vous avez? ____ Sont-ils croyants? _____ Expliquez :

_____

_____

PARTIE DES ANCÊTRES

S' il vous plaît enquêtez puis calmement écrivez tout ce que vous savez ou suspectez de vos ancêtres, y compris vos oncles, cousins, famille actuelle et passée, parce que leurs péchés laissent dans nos familles des malédictions qui peuvent nous affecter directement. Dans la plupart des libérations, j'ai trouvé des démons présents depuis la conception. Je le répète, les malédictions et les péchés ont été retirés par Jésus-Christ, mais les démons qui restent sont la cause des maladies.

Savez-vous si certains de vos ancêtres, parents, grands-parents, etc... ont fait des pactes, ont pratiqué la sorcellerie, nettoyages énergétiques, Feng-shui, yoga, tarologie, astrologie, numérologie, arts divinatoires, adultère, relation ou naissance hors mariage, divorce, ivresse, perversions sexuelles, zoophilie, alcoolisme, délinquance, dépression, maladies mentales, suicide, diabète, folie, colère, meurtre, satanisme etc...

Notez tout ce que le Saint-Esprit vous soufflera.

_____

_____

_____

_____

DE LA CONCEPTION À LA NAISSANCE

Essayez de vous renseigner un maximum :

Comment était votre naissance ? Césarienne? Normal? Expliquez :

_____
_____
_____
_____

Lorsque votre mère était enceinte : Était-elle amoureuse ? Était-ce un amour occasionnel ? Était-elle mariée ? Était-ce une grossesse désirée ? Était-elle violée? Était-elle ivre ? Etc... Que savez-vous ? Expliquez-vous :

_____
_____
_____
_____

Traumatisme ou accident pendant la grossesse? oui ( ) No ( ) Expliquez :

_____
_____
_____
_____

Avez-vous été rejeté (e) ? Vos parents ne voulaient pas vous avoir ? Votre mère a-t-elle fait une tentative d'avortement ? Des paroles de malédiction ? Expliquez :

_____
_____
_____
_____

Les deux parents étaient-ils chrétiens ? Oui ( ) Non ( ) Expliquez :

_____
_____
_____
_____

DE LA NAISSANCE À L'ADOLESCENCE

Avez-vous été adopté? Oui () Non () Expliquez:
___
___
___
___
___

Avez-vous rencontré vos parents? Oui () Non () Expliquez:
___
___
___
___
___

Quel rapport aviez-vous avec chacun d'eux? Expliquez:
___
___
___
___
___

Y'avait-il des disputes, des cris, de la violence dans votre maison? Oui () Non () Expliquez:
___
___
___
___

Avez-vous été élevé dans un foyer chrétien? Oui () Non () Expliquez:
___
___
___
___

Avez-vous reçu des malédictions par la parole : Vous êtes un paresseux, bon à rien, vous êtes un échec etc...? Expliquez:

_____
_____
_____
_____

Vous ont-ils dit des phrases telles que: Tu as deux mains gauches, tu détruis tout ce que tu touches... Etc.?

_____
_____
_____
_____

Avez-vous été victime de violences sexuelles? Oui ( ) Non ( ). Si oui, Qui a abusé de vous?

_____
_____
_____
_____

Avez-vous été abusé physiquement et /ou psychologiquement? Physique ( ) psychologique ( ) Expliquez :

_____
_____
_____
_____

Avez-vous participé à des jeux sexuels comme maman et papa ... Etc.? Oui () Non () Expliquez :

_____
_____
_____
_____

Comment était votre enfance? Exemple : la solitude, le rejet, combat... Etc... :

_____
_____
_____
_____

Un de vos ancêtres (parents, grands-parents, arrière grands-parents) ou vous-même avait appartenu à une secte, témoin de Jéhovah, Mormon, nouvelle ère, bouddhisme, athéisme, satanisme ... Etc.? Oui () Non () Expliquez :

_____
_____
_____
_____

Un de vos ancêtres (parents, grands-parents, arrière grands-parents) ou vous-même, avait souffert ou souffre actuellement de l'une des maladies suivantes: schizophrénie, folie, peur, nervosité, anxiété, troubles mentaux, tumeur, cancer, asthme, diabète ... etc.? Oui ( ) Non ( ) Expliquez:

_____
_____
_____
_____

Avez-vous vu des films: d'horreur, d'épouvante, de violence, de meurtres, de pornographie, de moquerie, etc.?:

_____
_____
_____
_____

Quels sont les jeux vidéo, Ouija, spiritisme, magie, bagarres, meurtres... etc auxquels vous avez joué? Nommez-les. Expliquez :

_____
_____
_____
_____

QUESTIONS GÉNÉRALES

Êtes-vous orgueilleux (se)?
_____

Avez-vous vu la pornographie? Oui ( ) Non ( ) Expliquez:
_____
_____

Vous êtes-vous déjà masturbé? Oui ( ) Non ( ): _____

Avez-vous vu ou pratiqué des aberrations sexuelles comme la zoophilie, nécrophilie, homosexualité, prostitution, pédophilie etc.? Oui ( ) Non ( ) Expliquez:
_____
_____
_____
_____
_____

Avez-vous été infidèle? Oui ( ) Non ( ) Expliquez: _____

Vivez-vous avec un partenaire, sans être mariés? Oui ( ) Non ( ) Expliquez:
_____

Ces péchés sont des portes d'accès pour les démons:

Ces questions sont pour vous, votre conjoint, votre partenaire... Car chacun d'eux vous attache à ses propres démons qui continuent de vous affecter car cela s'applique au présent mais aussi au passé.

Combien de partenaires sexuels avez-vous eu ? Expliquez :
_____
_____
_____
_____
_____

Savez-vous ou suspectez-vous des pratiques de sorcellerie dans vos couples passés ainsi que dans leurs familles ?

_____
_____
_____
_____
_____

Combien de fois avez-vous divorcé ou vous êtes-vous séparé?

_____
_____
_____
_____
_____

Avez-vous ou avez-vous eu des ennemis? Des altercations ? Expliquez:

_____
_____
_____
_____
_____

Etes-vous ou avez-vous été envieux (se) ? Expliquez :

_____
_____
_____
_____
_____

Avez-vous consommé de l'alcool, la drogue, la cocaïne, la marijuana ... Etc.?

_____
_____
_____
_____
_____

Avez-vous des tatouages sur votre corps? Expliquez :

_____
_____
_____
_____

Avez-vous une amulette pour "protection" ou "Bonne chance" ... Etc.?

_____
_____
_____
_____

Avez-vous ou avez-vous eu n' importe quelle image, objet d'idolâtrie, chapelets, images de saints, ou qui s'y rapporte au catholicisme? Porté au cou, dans la maison, chambre, voiture, bureau ... Expliquez:

_____
_____
_____
_____

Avez-vous été baptisé devant une vierge, un saint... Etc.? Expliquez :

_____
_____
_____
_____

Votre prénom a-t-il une relation avec un saint, une autre personne, un évènement ? Par exemple, un grand frère décédé etc...

_____
_____
_____
_____

Avez-vous fait la sorcellerie? Alliances ou pactes ? Oui ( ) Non ( ) Expliquez:

___
___
___
___

Avez-vous connaissance ou soupçonnez-vous l'existence de pactes ou sorcellerie faites sur vous ou vos ancêtres? Oui ( ) Non ( ) Expliquez:

___
___
___
___

Savez-vous si les locataires précédents ont péchés (homosexualité, sorcellerie etc...) dans la maison dans laquelle vous vivez? Quels péchés pratiqués?

___
___
___
___

Avez-vous bénit votre maison avant d'y habiter ? Oui ( ) Non ( ) Expliquez:

___
___
___
___

Savez-vous si l'un de vos voisins a pratiqué l'occultisme? Oui ( ) Non ( ) Expliquez:

___
___
___
___

Depuis que vous habitez dans cette maison, est ce que des problèmes ont commencé ? Tels que (maladies, difficultés financières, cauchemars, disputes, bruits dans la maison, choses inhabituelles etc.... Oui ( ) Non ( ) Expliquez:

_____
_____
_____
_____
_____

Avez-vous eu des accidents ou traumatismes ? Par exemple : accidents de voiture, opérations d'urgence etc... Oui ( ) Non ( ) Expliquez :

_____
_____
_____
_____
_____

De quelles maladies souffrez-vous ?

_____
_____
_____
_____
_____

Quel traitement médical prenez-vous ?

_____
_____
_____
_____

Avez-vous peur ? Souffrez-vous de dépression ? de stress ? etc.... Oui ( )Non( ) Expliquez :

_____
_____
_____
_____

Avez-vous perdu quelqu'un de proche ? Famille ? Amis ? Donnez le ou les noms, les détails de la mort et expliquez ?

_____
_____
_____
_____
_____

Travaillez-vous dans un funérarium ? Dans un hôpital ? Ou tout autre lieu en rapport avec la mort, la douleur, le sang ?

_____
_____
_____
_____
_____

Avez-vous une addiction ? Oui ( ) Non ( ) Expliquez :

_____
_____
_____
_____
_____

Pratiquez-vous le Yoga, Karaté, Arts Martiaux ? Oui ( ) Non ( ) Expliquez :

_____
_____
_____
_____
_____

Quel style de musique écoutez-vous avant de vous convertir au Christ ? Détaillez :

_____
_____
_____
_____
_____

Avez-vous regardé des films d'horreur, violence, magie, Batman…. Etc ?

_____

_____

_____

_____

_____

Faites-vous des cauchemars ? Sont-ils répétitifs ? Toujours les mêmes ? Expliquez :

_____

_____

_____

_____

_____

Aimez-vous et regardez-vous la boxe, la lutte, des films d'action ? Détaillez et donnez le nom des acteurs principaux que vous admirez :

_____

_____

_____

_____

_____

Quel est votre passion ? Hobby ? Comment occupez-vous votre temps libre ?

_____

_____

_____

_____

_____

Etes-vous rebelle ? Oui ( ) Non ( ) Expliquez :

_____

_____

_____

_____

_____

Etes-vous haineux ? Oui ( ) Non ( ) Expliquez :

_____
_____
_____
_____

Avez-vous pardonné et demandez-vous pardon ? Oui ( ) Non ( ) Expliquez :

_____
_____
_____
_____

Avez-vous déjà maudit Satan et ses principautés ou gouvernement etc… ? Oui ( ) Non ( ) expliquez :

_____
_____
_____
_____

Etes-vous fâché (e) contre Dieu ? Oui ( ) Non ( ) Expliquez :

_____
_____
_____
_____

Faites une liste de tous vos péchés que vous n'auriez pas mentionné avant. Prenez votre temps pour le faire et demander au Saint Esprit de vous aider à vous souvenir. Sachez que c'est important pour chasser définitivement tout démon qui pourrait rester caché.

_____
_____
_____
_____

Quelle est à votre avis l'origine de tous vos problèmes ? Notez ici ce que vous pensez important de dire pour contribuer à votre libération et guérison :

___
___
___
___
___

5.
PRIÈRES PUISSANTES DE GUERRE SPIRITUELLE

Pour se libérer des malédictions générationnelles.

Je renonce, je n'accepte plus et je me sépare, de toutes les malédictions générationnelles, je refuse l'autorisation de tout esprit démoniaque. Ecoutez-moi bien vous tous démons familiers et générationnels !! Vous n'avez aucun droit légal, aucun pouvoir, aucune autorité sur moi (nommez-vous…). La malédiction a été annulée, Jésus-Christ l'a annulée dans la Croix parce qu'il est écrit : « Tout homme pendu au bois est maudit » Jésus-Christ s'est fait maudit en portant toutes nos malédictions sur la Croix et il a payé en totalité la dette, alors DEHORS DEHORS DEHORS AU NOM DE JESUS !

Pour rompre l'esclavagisme sexuel.

Si vous vous êtes unis sexuellement avec quelqu'un, que ce soit une personne, un animal ou un mort, vous n'avez fait « qu'un » avec et vous êtes restés liés. Dans ce ministère de libération, nous avons déjà sortis des démons animaux.

1 Corinthiens 6.16 : Ne savez-vous pas que celui qui s'unit à la prostituée est un seul corps avec elle ? En effet il est dit : *« les deux ne feront qu'un »*.

Dans le cas où vous vous seriez unis avec plusieurs partenaires différents (ce qui est communs de nos jours), vous êtes fragmenté (e), divisé (e) en plusieurs parties (spirituellement parlant). Il se forme alors des liens d'âmes que vous devez tous rompre, détruire avec beaucoup de patience.

Vous pouvez suivre le modèle suivant par exemple :

Mon Seigneur Jésus, je te confesse le péché de fornication, je me repens, je renonce à ce péché et je te demande pardon au Nom de Jésus, merci pour ton pardon je l'accepte. Démons de fornication et ses semblables je ne vous veux pas, je vous refuse, je vous rejette au Nom de Jésus.

Moi, maintenant au Nom de Jésus j'arrache et je détruis tous les liens et attaches entre (nommez chaque partenaire) et moi, j'arrache et je rends à (nommez chaque partenaire) la partie de son âme qui est en moi, je rappelle à moi la partie de mon âme restée dans (nommez chaque partenaire). Voilà ! L'attache est rompue ! Je suis libre ! Ainsi Démons ! DEHORS DEMONS D'EXCLAVAGISME SEXUEL AU NOM DE JÉSUS DEHORS !

Note : si vous ne vous souvenez pas des noms ce n'est rien, l'essentiel est de se souvenir des faits et de s'en libérer par tous les moyens.

Prière pour vraiment pardonner

C'est simple, s'il n'y a pas de pardon, il n'y a pas de libération. Si vous ne demandez pas pardon ou si vous ne pardonnez pas et ne pouvez pas être libre. Et le pire c'est que votre salvation est en jeu. Dieu le Père ne vous pardonnera pas

Mathieu 6: 14-15

Si vous pardonnez aux hommes leurs fautes, votre Père céleste vous pardonnera aussi. Mais si vous ne pardonnez pas aux hommes leurs offenses, votre Père ne vous pardonnera pas non plus vos fautes.

Pour pardonner, votre pouvez le faire par téléphone, courrier, ou de n'importe quelle manière... L'essentiel étant de le faire.

Par exemple:

Vous contactez la personne (nommez son nom) que vous avez offensé, **vous lui demandé pardon** pour tout le mal que vous lui avez fait. Vous **reconnaissez** devant elle que vous l'avez blessée, qu'elle ne méritait pas le mal que vous lui avez fait. **Vous lui demander de vous pardonner**

Ensuite, seul avec Dieu vous vous adressez à Jésus : « Mon Seigneur Jésus, je te confesse le péché de non pardon, je me repens, je renonce à ce péché et je te demande de me pardonner au Nom de Jésus. Merci pour ton pardon, je l'accepte » Démons du non pardon et ses semblables, je ne vous veux pas, je ne vous accepte pas, je vous refuse au Nom de Jésus.

Note : Si la personne, n'accepte pas votre pardon, ce n'est pas grave, vous avez accompli votre devoir devant Dieu. Si vous l'avez offensé devant d'autres personnes il faut laver cette personne devant les autres. Pour que les autres sachent que vous reconnaissez vos erreurs. Si je peux me permettre : commencer avec vos proches !

Pour être libre de tout pacte.

C'est courant de trouver des pactes faits par nous-même ou nos ancêtres qui nous affectent directement. Ils ont échangé avec Satan leurs descendants contre de l'argent, le pouvoir etc... Il est capital, de se libérer de ses démons qui sont en train d'accomplir leurs missions. En fait, ils sont présents illégalement car tous ces pactes ont été annulé avec le Pacte de Sang de Jésus dans la Croix du Calvaire.

Matthieu 26: 26-28

Pendant qu'ils mangeaient, Jésus prit du pain et prononça la prière de bénédiction. Puis il le rompit et le donna aux disciples en disant « Prenez et mangez ceci est mon corps » Il prit ensuite une coupe et remercia Dieu, puis il leur donna en disant « buvez-en tous car ceci est mon sang, le sang de la nouvelle alliance qui est versé pour beaucoup pour le pardon des péchés »

Mais comme toujours, les démons ne vont pas partir comme ça, il faut leur rappeler ce que Jésus a fait dans la Croix et après les chasser.

Exemple de prière que j'utilise :

Merci Jésus pour le pacte de la nouvelle Alliance que tu as fait avec ton propre corps et ton sang précieux. C'est un pacte tout puissant de bénédiction éternelle.

Démons de pactes, vous êtes là car vous accomplissez une mission pour laquelle vous avez été envoyés, si ces pactes n'avaient pas été faits vous ne seriez pas là, en cette personne (ou en moi). Maintenant, vous savez très bien que cette personne appartient à Jésus-Christ et Jésus avec son propre sang, a fait un pacte tout puissant, sacré et éternel qui est supérieur aux vôtres et les annulent. Par conséquent, vos pactes sont annulés, détruits, n'existent plus. Ainsi prenez toutes vos affaires et je vous expulse d'ici (personne ou moi) DEHORS DEHORS DEHORS au NOM DE JÉSUS.

Pour être libre de sorcellerie.

Aussi très fréquent (je pense que c'est la mode), près de 98% de toutes les personnes qui ont été libérés, étaient victimes de sorcellerie faites à leurs ascendants ou à eux même. Je tiens à préciser ici, si vous êtes chrétien, vous êtes une cible idéale pour la sorcellerie. Ce sont les chrétiens qui reçoivent le plus d'attaques. Mais les démons envoyés pour exécuter ces missions ne peuvent pas rentrer en eux car Dieu les protège. Mais ils rôdent autour d'eux et cherche la moindre faille et attendent le moindre péché pour rentrer. Souvenez-vous, que les démons sont très rusés, astucieux ! C'est pour cela qu'il est très important de TOUJOURS rester sur vos gardes.

Exemple de prière que j'utilise :

Au nom puissant de Jésus j'annule, j'anéanti et je détruis toutes les prières démoniaques, les incantations, les conjurations maléfiques et malédictions faites sur mes repas, boissons, ou objets familiers tels que les cheveux et les vêtements, à travers mon nom, des poupées et des photographies. Je retire toutes les aiguilles et épingles, je les déterre et je supprime tous les liens, cercles, triangles, terre de cimetière, je les détruis tous, c'est fini! Tout est cassé, la sorcellerie est annulée ainsi que tous les démons de sorcellerie DEHORS, DEHORS, DEHORS au NOM DE JESUIS ! Votre travail, votre mission est terminée et vous n'avez aucun droit légal DEHORS AU NOM DE JÉSUS!

Confession générale des péchés

Cette prière est utilisée dans le cas où il y a un lien ou attache inconnu et grâce auxquels les démons ne veulent pas partir.

Dieu tout-puissant, créateur du ciel et de la terre et tout ce qui y vit, je te remercie de nous avoir donné la liberté et le pardon de nos péchés à travers ton Fils Jésus-Christ et son sang précieux versé sur la Croix de Calvaire. Jésus-Christ, tu m'as pardonné et c'est pour cela que je pardonne à ceux qui m'ont blessé, se sont moqué de moi, m'ont déçu, humilié, méprisé, trompé, volé et qu'eux aussi me pardonnent pour tout le mal que j'aurais pu leur faire. Jésus, je te demande de pardonner tous mes péchés. Je me pardonne à moi-même et j'accepte ton grand pardon dans ma vie.

Père au Nom de Jésus j'avoue les péchés connus et inconnus commis par moi ou mes ancêtres, je m'en repens et je te demande pardon pour tous ces péchés au Nom de Jésus :

Péchés de colère, d'amertume, de haine, de rébellion, de ressentiment, de vengeance, d'envie, de jalousie, de litiges, de doute, d'incrédulité, de scepticisme, d'avidité, de convoitise, de luxure, de sorcellerie, de cupidité, de dépravation, d'impureté sexuelle, d'assassinat, de querelle, de ruse, de malice, de calomnies, d'ennemis de Dieu, d'insolence, d'arrogance, d'orgueil, de folie, d'insensibilité, d'impitoyabilité, d'idolâtrie, d'utilisation du nom de Dieu à la légère, de mépriser ses parents, d'adultère, de vol, du mensonge, et toutes les œuvres de la chair. Etc., je demande pardon au Nom de Jésus. Merci pour ce pardon. Je l'accepte.

Je renonce à toute malédiction sur moi et mes descendants jusqu'à la dixième génération. Je dénonce totalement les péchés de mes ancêtres, je me sépare totalement de ces malédictions générationnelles. En faisant cela, je brise le pouvoir et tout droit légal de Satan dans ma vie. Je brise le pouvoir des malédictions générationnelles et je refuse tout esprit démoniaque dans ma vie.

Je me repens, je renonce, je coupe et je détruis tous pactes sataniques. Par le sang précieux et puissant de Jésus, par le sang du pacte de la nouvelle alliance que Jésus a versé pour nous sur la Croix du Calvaire, qui est plus puissant que tout pacte démoniaque et les annule. Je me déclare libre de tout pacte avec le diable. Je renonce à tout vote non sacré, impuretés, promesses, serments ou cérémonies démoniaques et choisis d'être libre de tous liens avec des malédictions occultes.

Ainsi ! Démons au nom de Jésus DEHORS ! Vous n'avez aucun droit légal, aucune autorité, aucun pouvoir, votre travail dans cette maison, dans mon esprit, dans mes pensées, dans mon corps, dans mon esprit et dans ma famille est terminé. J'attache l'homme fort et ses démons, les déracine, les arrache et détruis toute structure démoniaque et les chasse AU NOM DE JESUS. DEHORS DEHORS DEHORS AU NOM DE JÉSUS, LE SANG DE JÉSUS EST PUISSANT ET SUFFISANT !

Prière de commandement général de Libération.

Au nom de Jésus-Christ, je m'adresse à vous tous les démons et principalement aux échelons supérieurs, les démons les plus puissants, les dirigeants de cette personne. Ecoutez bien ce que je vais vous rappeler et je dis de **rappeler** car vous **connaissez parfaitement** la Parole de Dieu :

La parole de Dieu est d'obéir, nous sommes tous soumis à la Parole de Dieu parce que c'est la Parole de Dieu ! C'est la plus haute autorité de tout l'univers, du monde, nous devons obéir à ce qui est écrit et sans discuter, vous savez que le Seigneur est Saint, Saint, Saint est notre Seigneur et lorsque nous péchons Il s'éloigne, s'attriste et là les démons en profite pour venir faire leur travail dans la malédiction du péché. Par conséquent le véritable problème c'est le péché.

Maintenant, vous savez que cette personne appartient à Jésus-Christ ce qui fait une grande différence, toute la peine et la souffrance que cette personne méritait par ses péchés et ceux de ses ancêtres, le Seigneur Jésus-Christ les a payé. Jésus-Christ, Fils de Dieu, venu sur terre, né d'une Vierge et s'est fait homme, sans jamais pécher, mais il est devenu pécheur en prenant la place de cette personne et de toute l'humanité coupable, Jésus a été humilié, battu, moqué, flagellé, son sang a coulé et il est mort sur la croix du Calvaire, bien sûr que Jésus est ressuscité d'entre les morts et qu'il est assis à la droite de Dieu le Père, qu'il est vivant. Jésus a reçu toute la peine et son sang versé a payé la liberté de cette personne, Jésus l'a justifiée, en plus cette personne a confessé ses péchés, s'est repentie et Dieu lui a pardonné. Elle n'est pas coupable non plus de malédictions car Jésus s'est aussi fait malédiction et il les a emmené avec lui dans la Croix. C'est pour cela, démons que votre travail, fonction est terminé, vous n'avez aucun droit légal AU NOM DE JÉSUS DEHORS et vous emportez tous vos semblables et maladies de lui et toute sa famille DEHORS DEHORS DEHORS J'attache l'homme fort et les expulse tous AU NOM DE JÉSUS.

Important : Cette prière se fait après avoir rempli le formulaire, confessé les péchés et annulé tous les pactes, sorcellerie etc… (Toutes ces prières sont dans le livre).

Clarification : Si après avoir fait tout ce qu'il est écrit dans ce livre, vous continuez à batailler avec un démon qui ne veut pas partir, c'est qu'il a encore un droit légal de rester. Il faut demander à la personne de dire toute la vérité, lui demander qu'elle se souvienne s'il reste un péché caché et que la personne demande au Saint-Esprit qu'il le lui révèle. Si la personne ne trouve pas, ne se souvient pas, vous pouvez demander aux démons quelle est la raison de son droit légal. Puis y renoncer et expulser les démons.

Conseils : Photocopier les diverses prières, les garder à porter de mains et les répéter autant que nécessaire.

6.
PRIÈRE POUR NETTOYER TOUT LE CORPS

Vous pouvez faire cette prière pour vous même une autre personne, un groupe ou une église.

Placez vos mains sur chaque partie du corps que vous mentionnez de la personne pour laquelle vous priez, vous pouvez mettre vos mains sur vous-même selon le cas.

Régulièrement je mets mes mains quand je suis avec une seule personne ou s'il y a un petit groupe mais s'il s'agit d'une église ou d'un groupe plus important, eux-mêmes peuvent mettre leurs mains.

Comme toujours, vous devez donner les ordres avec foi, autorité (comme militaire). Ici aussi laissez-vous guider par l'Esprit Saint qui vous révèlera maladies ou démons qui ne sont pas écrits ici.

Rappelez-vous que la personne qui sera libérée a rempli le questionnaire de libération (vous le trouvez dans ce livre) et qu'elle a renoncé à ses péchés. Bref, qu'elle a fait tout ce qui est expliqué dans ce livre.

LA TÊTE

Au Nom de Jésus je mets dehors tous les démons avec leurs royaumes de ma tête, de mes pensées, de mon cerveau. Je mets dehors démons de sorcellerie, contrôle mental, maitre des pensées, esprits de solitude, lourdeur, dépression, stress, rejet, désespoir, mort, suicide et tous semblables, DEHORS, DEHORS, DEHORS AU NOM DE JÉSUS et que vous partiez avec toutes vos maladies. Dehors maladie de démence, dépression, schizophrénie, tourment, maux de tête, migraines, cauchemars, sorcellerie, pensées influencées, envoutements, craintes de frustration, phobies, panique, synopsis, retard mental, anxiété, crises d'épilepsie, tumeur, cancer, décès et tous les semblables DEHORS, DEHORS AU NOM DE JESUS, VOUS N'AVEZ AUCUN DROIT LEGAL, LE SANG DE JÉSUS EST PUISSANT, DEHORS, DEHORS !

LES OREILLES

Au Nom de Jésus je mets dehors les démons de mes oreilles avec leurs royaumes, que ce soit la surdité, les vertiges, les étourdissements, les maux d'oreilles, les bourdonnements d'oreilles, les infections, tous les démons qui sont venus à travers mes oreilles DEHORS AU NOM DE JÉSUS. Le sang de Jésus est puissant.

LES YEUX

Au nom de Jésus je mets dehors tous les démons avec leurs royaumes de mes yeux ou placé là-bas, je mets dehors la fatigue, la cécité, la myopie, la lourdeur, la pornographie, la sorcellerie, la luxure, les concupiscences, la sècheresse et tous les démons qui produisent les maladies, DEHORS, DEHORS, DEHORS AU NOM DE JÉSUS!

LE NEZ

J'ordonne au nom de Jésus à tous les démons avec leurs royaumes de sortir de mon nez.

Je mets dehors tous les maux d'oreilles, rhinites, hémorragie, nez bouché, sinusites et tous les démons qui sont venus par le nez pour mes péchés. DEHORS AU NOM DE JESUS, VOUS N'AVEZ AUCUN DROIT LEGAL DE RESTER, DEHORS, DEHORS AU NOM DE JÉSUS!

LA BOUCHE

Au nom de Jésus, je mets dehors tous les démons avec leurs royaumes de ma bouche. DEHORS le mutisme, le bégaiement, l'infection, la douleur, la sorcellerie, la mauvaise haleine, la douleur et infection des gencives, le cancer, tumeur, l'herpès, les commérages, la calomnie, tous les démons qui sont venus par mes péchés comme le sexe oral, dépendance à la cigarette, les drogues, l'alcool, les mensonges, la tromperie, AU NOM DE JÉSUS DEHORS, DEHORS le sang de Jésus est puissant, DEHORS.

LE DOS

Au nom de Jésus je mets dehors tous les démons avec leurs royaumes qui sont sur mon dos, je mets DEHORS toute douleur, toute fatigue, lourdeur, crampes, sorcellerie, bosses

DEHORS DE MON DOS, de toutes les vertèbres de ma colonne et tout ce qui produit des maladies. Le Sang de Jésus est puissant ! Dehors au Nom de Jésus, PARTEZ DE MON DOS, MES MUSCLES, DEHORS AU NOM DE JÉSUS!

LA GORGE ET LA NUQUE

Au nom de Jésus, je mets dehors tous les démons avec leurs royaumes qui sont dans la gorge et dans la nuque, toute douleur, fatigue, thyroïde, oreillons, grippe, enrouement, inflammation des glandes, sècheresse, laryngite, cancer, tumeur, qui provoquent des maladies DEHORS, DEHORS AU NOM DE JESUS, le sang de Jésus EST PUISSANT ET VOUS N'AVEZ AUCUN DROIT LEGAL, DEHORS, DEHORS AU NOM DE JÉSUS!

LE CŒUR ET LA POITRINE

Au Nom de Jésus je mets dehors tous les démons et leurs royaumes qui sont dans le cœur et la poitrine , je mets dehors toute crise cardiaque, tachycardie, palpitations, infarctus, douleur, sorcellerie, la croissance anormale du cœur, tous les démons qui touchent le cœur, la poitrine comme la peur, la tristesse, l'amertume, dépression, le découragement, manque du pardon, la haine, la mort et ses semblables. DEHORS, DEHORS AU NOM DE JESUS, le sang de Jésus EST PUISSANT ET VOUS N'AVEZ AUCUN DROIT LEGAL, DEHORS, DEHORS AU NOM DE JÉSUS !

LE VENTRE ET L'ESTOMAC

Au Nom de Jésus je mets dehors tous les démons et leurs royaumes qui sont dans le ventre, dans les intestins DEHORS, DEHORS AU NOM DE JÉSUS, DEHORS TOUTE SORCELLERIE, ENVOUTEMENTS, DOULEUR, CANCER, TUMEUR, VOUS N'AVEZ AUCUN DROIT LEGAL, DEHORS AU NOM DE JÉSUS!

LES PARTIES INTIMES

Au Nom de Jésus je mets dehors tous les démons et leurs royaumes qui sont dans mes parties intimes, je mets dehors toute sorcellerie, impuissance, stérilité, avortement, mort, frigidité, éjaculation précoce, cystite, défécation douloureuse, relations sexuelles difficiles , toutes sortes de douleur, faiblesse, fatigue, cancer, tumeurs, kystes, mycoses, caillots sanguins, hémorragies, hémorroïdes et tout démons semblables je vous mets DEHORS AU NOM DE JÉSUS, VOUS N'AVEZ AUCUN DROIT LEGAL, DEHORS, LE SANG DE JESUS EST PUISSANT!

MEMBRES INFÉRIEURS

Au Nom de Jésus je mets dehors tous les démons qui sont sur mes jambes, genoux, cuisses, mollets, chevilles, pieds, doigts, ongles. Dehors toute douleur, fatigue, la sorcellerie, arthrite, crampes, varices, paralysie, mauvaise odeur, pieds plats , mycoses, inflammation DEHORS AU NOM DE JÉSUS, VOUS N'AVEZ AUCUN DROIT LEGAL, DEHORS, DEHORS, LE SANG DE JÉSUS EST PUISSANT!

MEMBRES SUPERIEURS

Au Nom de Jésus, je mets dehors tous les démons et leurs royaumes qui sont dans mes bras, coudes, mains, doigts, ongles. Dehors toute douleur, fatigue, sorcellerie, arthrite, crampes, varices, paralysie, mauvaise odeur, mycoses, inflammation DEHORS AU NOM DE JÉSUS, VOUS N'AVEZ AUCUN DROIT LEGAL, DEHORS, DEHORS, LE SANG DE JÉSUS EST PUISSANT!

TOUS LES SYSTEMES

Au Nom de Jésus, je mets dehors tous les démons du système digestif, système respiratoire, système nerveux central, le système circulatoire, système limbique, système endocrinien, système reproducteur féminin, système reproducteur masculin, système gastro-intestinal, système génito-urinaire, système cardiovasculaire, système immunitaire, système musculaire. DEHORS tous les démons de mes systèmes au Nom de Jésus, le sang de Jésus est puissant, dehors la mort, fatigue, maladie, faiblesse, lupus, sida, Ébola, leucémie et toutes les maladies DEHORS Jésus-Christ nous a purifiés avec son sang, je suis libre et sain.

Merci Jésus, Je t'aime Jésus, Tu m'as pardonné, tu m'as guéri et tu m'as transformé. Merci Jésus. Amen

7.
PRIÈRES PUISSANTES POUR TOUS LES JOURS

Les deux prières suivantes que je recommande sont clés. Imprimez-les, faites des copies et mettez-les dans votre chambre ou dans un endroit visible pour les dire tous les jours à tout moment.

Prière pour la guérison

Satan, vous êtes un tricheur, un menteur, vous savez que je suis une nouvelle créature, propriété libérée. Parce que Jésus-Christ est mon Rédempteur. Je n'habite pas sur votre territoire et donc vous n'avez pas le droit légal d'envahir ma propriété, mon territoire et je ne vous appartiens pas. J'ai été racheté par Jésus-Christ et son autorité. Cette maladie que vous avez mise sur (moi, fils mère.. etc.) a été détruite sur la Croix du Calvaire et vous savez que je ne dois pas la subir.

Je vous ordonne, au nom de Jésus de quitter mon corps libre. Je suis libre de toute maladie car il est écrit: " Mais il était blessé pour nos péchés, Brisé pour nos iniquités; Le châtiment qui nous donne la paix est tombé sur lui, Et c'est par ses meurtrissures que nous sommes guéris." Alors je suis sain. Vous êtes un menteur, toutes vos douleurs ne sont que des mensonges, vous êtes le père du mensonge. Je suis sain, Je suis libre de votre pouvoir, donc DEHORS, DEHORS AU NOM PUISSANT DE JESUS, DEHORS, DEHORS, Je suis sain!

Note : 1. Maintenant levez-vous du lit! Ne restez pas au lit. Agissez! Vous devez faire les choses du quotidien.

Note 2 : Il y a deux royaumes, un de Satan et l'autre de Jésus. Avant nous étions dans le royaume du diable mais maintenant nous sommes dans le royaume de Jésus. N'oubliez pas que c'est la clé.

NETTOYAGE DE VOTRE PERSONNE, FAMILLE ET MAISON

Jésus est le Fils de Dieu, il s'est fait chair, Jésus est né d'une vierge, il est mort sur la croix, il est ressuscité le troisième jour et il est assis à la droite de Dieu le Père. Jésus a tout pouvoir et l'autorité sur tout l'univers, dans le ciel, la terre et sous la terre.

Jésus nous (l'Église) a donné le pouvoir et la puissance, de marcher sur les serpents et les scorpions, et toute la puissance de l'ennemi et aucune arme forgée contre nous ne pourra nous faire de mal. Il nous a donné l'autorité de chasser les démons au nom de JÉSUS.

Au nom de Jésus j´annule, j´anéanti, je coupe et je détruis tout sort, prière démoniaque, malédictions, pacte démoniaque, sorcellerie, envoutements, les ordres sataniques, plans, stratégies et tout ce qui vient du diable, du royaume des ténèbres ou des personnes, je les détruis et les annule au Nom de Jésus. Rien ne me touchera ni moi, ni ma famille, ni ma maison au Nom de Jésus.

Ainsi donc, démons au Nom de Jésus, vous n´avez aucun droit légal, aucune autorité et aucun pouvoir, votre travail dans cette maison, mes pensées, mes émotions, mon corps et mon esprit sont terminées, j'attache l'homme fort et ses démons, je les déracine, détruit entièrement toute structure démoniaque et je les chasse au Nom de Jésus, le sang de Jésus est puissant et suffisant !

Cette prière est divisée en quatre parties

1. Qui est Jésus et son Autorité
2. Qui sommes-nous en Jésus-Christ, qui nous a donné le pouvoir
3. Annulation de tous les droits légaux
4. On les expulse au Nom de Jésus.

Ces prières doivent être dites avec autorité, plusieurs fois jusqu'à ce que tous les démons soient partis. Ces prières de guerre spirituelle doivent être faites tous les jours et plusieurs fois. Faites en des copies

8.
NOMS DES DÉMONS PAR FONCTION

C'est une liste de démons que nous avons rencontré dans notre ministère au cours de libération, je pense qu'elle vous sera d'un grand secours, car ils y a des millions de démons cachés. Vous pouvez y renoncer un par un dans le cas où certains se cacheraient. Et de cette façon, vous leur retirez leur possible droit légal. Chassez-les ensuite au Nom de Jésus. Vous pouvez aussi les mentionner un par un et les expulser lors de la libération.

Je vous répète, en Jésus-Christ toutes nos malédictions sont annulées et tous nos péchés sont pardonnés aussi longtemps que vous êtes saint, que vous ne péchez pas ; donc les démons n'ont aucun droit d'être là ! Mais comme d'habitude, les esprits ne partent pas, ils restent. Il faut les chasser, les expulser en n'oubliant pas de leur dire qu'ils s'en aillent avec tous leurs démons et maladies !

1. L'avortement
2. Ennui
3. Dépendance à la cigarette
4. Engourdissement
5. Épuisement
6. adultère
7. Superstition
8. alcoolisme
9. hyper-tension
10. Amertume
11. Ambition
12. Angoisse
13. Entêtement
14. Arrogance
15. Arts martiaux
16. Assassin
17. Arthrite
18. Asthme
19. Asmodée (luxure)
20. Infarctus
21. Pitié
22. Mésestime
23. Autorité

24. Avarice
25. Belzebuth (Baal)
26. Zoophilie
27. Blasphème
28. Blocage
29. Blocage mental
30. Ivresse
31. Bâillement
32. Anerie
33. Cancer
34. Fatigue
35. Cécité
36. Jalousie
37. Cupidité
38. Démangeaisons
39. Concupiscence
40. Condamnation
41. Confusion
42. Christ-Noir
43. Culpabilité
44. Débilité
45. Self défense
46. Démence
47. Dépravations sexuelles
48. Dépression
49. Défaite
50. Désamour
51. Découragement
52. Méfiance
53. Désespoir
54. Désespérance
55. Affliction
56. Désobéissance
57. Désordre
58. Destruction
59. Goinfre
60. Diabète
61. Difficulté
62. Dysphagie
63. Division
64. Bipolarité
65. Dragon
66. Drogues
67. Doute
68. Maladie
69. Manipulation
70. Colère
71. Envie
72. Epilepsie
73. Erreur
74. Schizophrénie
75. Stress
76. Stupeur
77. Exhibitionnisme
78. Fausse doctrine
79. Fatigue
80. Laideur
81. Froid
82. Faiblesse
83. Phobie
84. Fornication
85. Fureur
86. Gi Balai
87. Altercation
88. Grippe
89. Guide
90. Gourmandise
91. Sorcellerie
92. Hérétique
93. Homicide
94. Homosexualité
95. Inceste
96. Incrédulité
97. Incube
98. Indécision
99. Indifférence
100. Indien Gacaipuro
101. Idolâtrie aux images
102. Idolâtrie aux personnes
103. Moqueur
104. Infériorité
105. Infertile
106. Insécurité
107. Insomnie
108. Insuffisance
109. Agitation
110. Témoins de Jéhovah
111. Infidélité
112. Image (fausse image)
113. Jézabel
114. Kung Fu

115. Kundalini
116. Luxure
117. Formalisme
118. Légion
119. Lesbianisme
120. Léviathan
121. Folie
122. Immoralité
123. Pleurs
124. Larmes
125. Magie Blanche
126. Malchance
127. Malédiction
128. Maltraitances
129. Vertiges
130. Maria Lionza
131. Maricotonio
132. Masturbation
133. Matriarcat
134. Dénigrement
135. Mensonge
136. Peur
137. Monseigneur
138. Mormon
139. Muet
140. Frousse
141. Obésité
142. Embonpoint
143. Obstacle
144. Farniente
145. Occultisme
146. caché
147. Haine
148. Oubli
149. Oppression
150. Orgueil
151. Panique
152. Terreur
153. Timidité
154. Tourment
155. Tristesse
156. Tumeur
157. Vanité
158. Bourreau
159. Honte
160. Violence
161. Yoga
162. Zabaraike
163. Zapote (feuilletons)
164. Surdité
165. Succubes
166. Souffrance
167. Suicide
168. Epouvante
169. Tachycardie
170. Palpitations
171. Anxiété
172. Lutte
173. Peine
174. Pensée
175. Paresse
176. Perfectionnisme
177. Perversion
178. Lourdeur
179. Cauchemars
180. Pessimisme
181. Pauvreté
182. Pouvoir
183. Pornographie
184. Curieux
185. Préoccupation
186. Despotisme
187. Prostituée
188. Rage
189. Rébellion
190. Révolte
191. Rejet
192. Enrhumé
193. Douleurs articulaires
194. Vol
195. Rosicruciens
196. Ruine
197. Saint Grégoire
198. Séduction
199. Sensibilité
200. Sexe
201. Fierté
202. Solitude
203. Sinusite
204. Envoûtement

9.
PRINCIPES DE BASES POUR MAINTENIR UNE LIBÉRATION.

Après avoir été libéré commence une étape très importante, vous devez et pouvez maintenir cette liberté. Mémorisez ces versets et répétez-les constamment à haute voix. La meilleure défense est l'offensive. N'attendez pas d'être attaqué pour vous défendre.

- Seigneur Jésus-Christ, je te loue et je te demande de pardonner tous mes péchés, merci pour ton pardon, je l'accepte.

- Au nom de Jésus j'annule tout ordre, toute prière satanique, toute incantation et malédiction prononcé contre moi, ma famille, ma maison ... Ainsi Démons votre mission est annulée Vous n'avez aucun droit légal de rester ! DEHORS ! DEHORS ! AU NOM DE JÉSUS !

- Démons présents vous n'avez aucun droit légal, aucune autorisation ni aucun consentement, pour être dans mon corps, dans ma maison ou dans ma famille ni aucun de mes biens. Ainsi je vous attache et vous envoie tous aux abymes au NOM DE JÉSUS.

- Je suis crucifié avec Christ, couvert du sang précieux de Jésus, et je ne vis plus, mais le Christ qui vit en moi; et ce que nous vivons maintenant dans la chair, je vis dans la foi du Fils de Dieu, qui m'aime et s'est livré pour moi.

- J'apporte toute pensée captive à l'obéissance de Jésus-Christ.

- Je lave mes pensées avec le Sang de Jésus.

- Je couvre tout mon être, mon esprit, mon âme et mon corps avec le sang de Jésus.

- Jésus nous a donné le pouvoir et l'autorité de marcher sur les serpents et les scorpions, et sur toute la puissance de l'ennemi et d'aucune manière, il ne peut nous nuire.

- Jésus nous a donné le pouvoir et l'autorité de chasser les démons en son nom. Dehors les démons au nom de Jésus!

- Jésus nous a donné la puissance et l'autorité de lier et de délier, tout ce que vous lierez sur la terre sera lié dans les cieux et tout ce que vous délierez sur la terre sera délié dans les cieux. Nous attachons tous les esprits démoniaques et les chassons au nom de Jésus, DEHORS!

Mémorisez Psaume 91 et lire à haute voix.
Aussi suivez ces conseils:

- La clé est Jésus.
- Prenez l'habitude de prier sans cesse.
- Écoutez de la musique chrétienne.
- Étudiez la Parole (la Bible).
- Devenez membre d'une église chrétienne, de la sainte doctrine.
- Aidez à l'Eglise.
- Vivez avec les frères de l'église.
- Aidez les autres à se libérer.
- Laissez les mauvaises amitiés (à savoir les amis qui parlent mal des autres).
- Si nous tombons, si nous péchons, avouez tout de suite le péché et demander pardon à Dieu.

Remarque : Si nous faisons au moins toutes ces étapes, il y a un grand pourcentage de réussite de nous maintenir libres des démons. Moi-même, je les répète constamment dans la journée, particulièrement avant de me coucher. Je parcours toute ma maison en les lisant à voix haute.

Ces prières, et toutes celles que vous trouverez dans ce livre, vous devez les lire avec autorité plusieurs fois jusqu'à ce que tous les démons soient partis, je le répète ÉCRIVEZ LES, FAITES DES COPIES ET RÉPÉTEZ-LES plusieurs fois par jour !

> Ces prières, et toutes celles que vous trouverez dans ce livre, vous devez les lire avec autorité plusieurs fois jusqu'à ce que tous les démons soient partis, je le répète ÉCRIVEZ LES, FAITES DES COPIES ET RÉPÉTEZ-LES plusieurs fois par jour !

RECOMMANDATIONS

Il est fortement recommandé d'acheter le livre : Libérez-vous de l'oppression, qui est la base de ce manuel.

La personne qui veut être libérée doit avoir rempli le questionnaire de libération (Il est dans ce livre) et avoir renoncé à ses péchés ; c'est à dire qu'elle aura fait tout ce qui est expliqué dans ce livre.

- Je lui suggère de faire des copies de ces prières et les placer dans les différentes pièces de la maison pour les répéter constamment.

- Dire ces prières avec autorité plusieurs fois jusqu'à ce que tous les démons soient. Ces prières de guerre spirituelle doivent se faire tous les jours et plusieurs fois par jour.

RECOMMANDATION FINALE

Mettre en pratique ces armes de guerre spirituelle.

Évangélisez-vous avec notre série de livres Libérez-vous.

Achetez le livre libérez-vous des oppressions.

Étudiez encore ce manuel.

Recommandez notre série.

Roger D Muñoz

WWW.CRISTOLIBERA.ORG

CRISTO LIBERA
MINISTÈRE DE LIBÉRATION ET GUÉRISON
SEATTLE, WASHINGTON
États-Unis

Obtenez notre série de Libérez-vous sur notre site
www.cristolibera.org

www.ingramcontent.com/pod-product-compliance
Lightning Source LLC
Chambersburg PA
CBHW082248300426
44110CB00039B/2472